LA SOCIÉTÉ

DES

Amis de l'Université

DE NANCY

EN 1912-1913

PAR

J. ROVEL

SECRÉTAIRE DES FACULTÉS DE DROIT, DES SCIENCES ET DES LETTRES
SECRÉTAIRE GÉNÉRAL DE LA SOCIÉTÉ

NANCY

IMPRIMERIE BERGER-LEVRAULT

18, RUE DES GLACIS, 18

1914

RAPPORT

SUR LA SITUATION DE LA SOCIÉTÉ

DES

AMIS DE L'UNIVERSITÉ DE NANCY

PENDANT L'ANNÉE 1912-1913

————◦•◦•◦•◦•——

J'ai l'honneur de vous présenter le compte rendu des travaux de la Société pendant l'exercice 1912-1913.

I. — Action de la Société.

Notre Société a rempli, en 1912-1913, son rôle d'auxiliaire de l'Université sous ses deux formes habituelles : conférences et subventions.

1° *Conférences.* — L'œuvre des conférences a été particulièrement active pendant la campagne qui vient de finir. Nous avons pu, en effet, grâce au concours toujours empressé des professeurs de l'Université et à des offres gracieuses venues du dehors, organiser six conférences, dont quatre à Nancy, une à Saint-Dié, une à Remiremont, qui toutes ont été suivies par un nombreux auditoire et ont eu le plus vif succès. En voici la liste :

NANCY :

M. PFISTER, *Les voyages à Nancy de l'empereur Napoléon Ier et de l'impératrice Joséphine ;*

M. PARISET, *Une guerre inconnue sous le premier Empire ;*

M. James HYDE, *Rôle de la France dans le développement des États-Unis ;*

M. l'amiral FOURNIER, *De l'influence de notre puissance navale sur nos relations extérieures et notre défense nationale.*

SAINT-DIÉ :

M. LAURENT, *Les peuples des Balkans.*

REMIREMONT :

M. FLOQUET, *Une excursion dans la lune.*

Ces conférences ont eu lieu, à Nancy, dans le grand amphithéâtre de la Faculté des Lettres; à Saint-Dié et à Remiremont, dans une salle de l'Hôtel de ville. Notre reconnaissance est acquise à la Faculté et aux municipalités qui nous ont offert une aimable hospitalité. Nous devons aussi des remerciements à MM. les Principaux et Professeurs des collèges de Saint-Dié et Remiremont qui nous ont donné un concours précieux pour l'organisation de nos conférences. — Ces conférences ont été l'objet, ailleurs, de comptes rendus détaillés. Il est donc inutile d'en parler plus longuement ici.

2° *Subventions.* — Notre Société, vous le savez, subventionne le cours de droit naturel à la Faculté de Droit, les cours de géologie de la Lorraine et d'électricité industrielle à la Faculté des Sciences, et la chaire d'histoire de l'Est de la France à la Faculté des Lettres. En dehors de ces allocations permanentes, qui s'élèvent à 1.700 francs, nous avons pu accorder les subventions suivantes :

200 francs à l'École supérieure de Pharmacie pour l'acquisition d'une autoclave. C'est le complément d'une subvention d'égale somme allouée l'an dernier;

200 francs au Comité chargé de recueillir des fonds dans le but d'offrir un souvenir à M. Grignard, professeur à la Faculté des Sciences, lauréat du prix Nobel pour la chimie. Cette récompense éclatante honore non seulement M. Grignard, mais encore l'Université tout entière. A ce titre, la Société ne pouvait pas rester étrangère à sa commémoration;

100 francs, à titre de souscription, en faveur des victimes de la guerre balkanique. Le principe de cette subvention a été combattu par certains membres comme violant le but et les statuts de la Société. Votre Comité a estimé, au contraire, que la demande pouvait parfaitement se concilier avec nos statuts : les pays balkaniques fournissent à l'Université une bonne partie de sa clientèle étrangère. En souscrivant en faveur des victimes de la guerre actuelle, sans distinction, d'ailleurs, de nationalité, la Société fait une manifestation en faveur de l'Université.

II. — Recrutement.

Nous avons reçu, depuis votre dernière réunion, les adhésions suivantes :

    1 membre fondateur;
    2 membres perpétuels;
    16 membres souscripteurs.

L'effectif de la Société est actuellement de :

11 membres fondateurs;

119 membres perpétuels;

188 membres souscripteurs.

Soit 318 membres, en augmentation sur celui de l'an dernier, en tenant compte des décès et démissions, de :

1 membre fondateur;

2 membres perpétuels;

16 membres souscripteurs.

La Société a donc continué, en 1912, sa marche ascendante. Les progrès ont été presque ininterrompus depuis dix ans, ainsi que le prouve le tableau suivant, qui indique par année, de 1903 à 1913, le chiffre des membres souscripteurs :

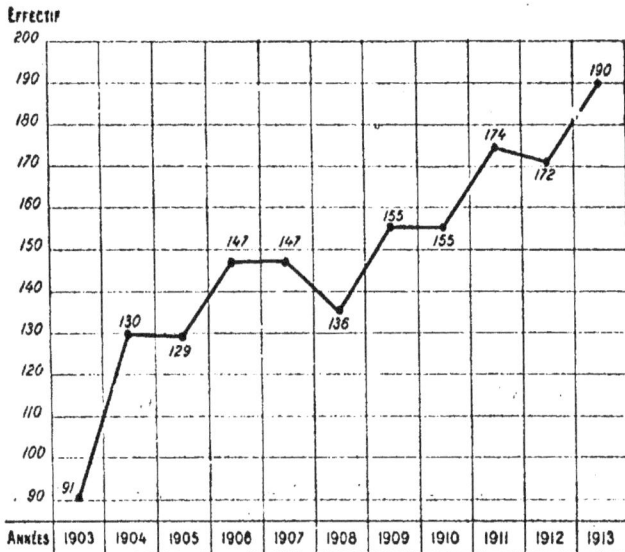

Effectif

	1903	1904	1905	1906	1907	1908	1909	1910	1911	1912	1913

(graphique : 91, 130, 129, 147, 147, 136, 155, 155, 174, 172, 190)

Années

L'effectif de la Société, en ce qui concerne les membres souscripteurs qui en constituent l'élément mobile

et extensif, a plus que doublé au cours des dix der-
nières années. On nous a parfois reproché d'avoir une
croissance trop lente, d'être comme une sorte de « mare
stagnante » figée dans une impuissante médiocrité.
Le reproche est injuste. Sans doute, nos progrès ne
sont pas aussi rapides que nous pourrions le désirer;
mais ils existent, et c'est l'essentiel, et c'est aussi de
nature à nous rassurer sur l'avenir de notre Société,
si l'on veut bien songer aux difficultés que présente
le recrutement.

Le rôle de solliciteur est par lui-même un rôle assez
ingrat. Même quand on ne sollicite pas pour soi-même,
on a toujours un peu l'air d'un quémandeur, de quel-
qu'un qui essaie d'ajouter une nouvelle charge à
celles, souvent très lourdes, qui pèsent déjà sur le solli-
cité. Dans notre situation, ce rôle est particulièrement
délicat. Nous recrutons nos adhérents dans deux élé-
ments bien distincts : l'élément universitaire et l'élément extra-universitaire. Dans le premier, nous ne
comptons évidemment que des amis; nous en avons
aussi beaucoup dans le second. Mais quand il s'agit
de prendre une forme matérielle par une adhésion
à notre œuvre, ces amitiés prennent tout de suite une
mine plus discrète, plus réservée, j'allais dire plus
renfrognée. Et nos amis nous tiennent les raisonne-
ments suivants : Du côté universitaire, on nous dit
qu'on est les amis naturels de l'Université, qu'on lui
donne son temps, son dévouement, sa science, quel-
quefois sa vie, et qu'il serait peut-être excessif de lui
donner encore son argent. Du côté extra-universitaire,
le raisonnement est le même, mais en sens inverse :
« Nous connaissons votre œuvre et son utilité; nous

savons que vous concourez, dans la mesure de vos
ressources, à rendre l'Université lorraine toujours plus
grande et plus prospère. C'est donc avec plaisir que
nous vous donnerions notre adhésion. Mais ne pensez-
vous pas qu'on devrait d'abord voir, en tête de la liste
de vos membres, tout le personnel de l'Université de
Nancy? Or votre liste présente encore bien des lacunes
sur ce point. Tant que ces lacunes existeront, nous nous
contenterons de suivre vos efforts avec sympathie
et de vous donner notre appui moral. Notre concours
matériel vous sera acquis dès qu'elles auront dis-
paru. »

Ces fins de non-recevoir, basées sur une fausse con-
ception du caractère que doit avoir une association
comme la nôtre, ont souvent paralysé nos efforts et
nui à notre extension. Notre ambition serait de grouper, dans une association nombreuse et fortement
organisée, tous les amis, quelles que soient leur origine
et leur situation, de l'Université de Nancy : professeurs, industriels, négociants, parents d'étudiants; en
un mot, tous ceux qui, en Lorraine, sont en mesure de
s'imposer un léger sacrifice et qui doivent être fiers
du bon renom de leur Université. Cette réputation
s'étend déjà très haut et très loin; la place conquise
est déjà grande. Plusieurs des établissements créés
par elle sont cités comme des modèles; et quand des
projets s'élaborent quelque part, c'est à elle, à ses
chefs, qu'on vient demander des conseils et des plans,
et c'est à elle qu'on emprunte les programmes. Il y a
deux ans, c'était l'Université d'Alger qui consultait
M. le professeur Vogt sur la construction et l'organisation d'un Institut technique; il y a quelques mois,

c'était la ville de Nantes qui, sur les conseils de M. le ministre Guist'hau, projetait d'envoyer à Nancy une mission chargée d'étudier sur place l'installation et le fonctionnement de nos Instituts. Tout récemment enfin, tous les discours prononcés en Sorbonne au jubilé de M. le professeur Haller n'avaient pas d'épithètes assez élogieuses pour glorifier l'œuvre accomplie par l'Université de Nancy.

Devant de tels témoignages, comment les amis lorrains de l'Université pourraient-ils hésiter à doubler leur appui moral d'un appui financier? Nous avons donc l'espoir que demain ils viendront tous se grouper autour de nous et nous aideront ainsi à compléter nos moyens d'action et à développer le concours que nous prêtons à l'Université.

Il est un troisième élément qui devrait nous offrir un recrutement abondant et assuré : je veux parler de nos anciens étudiants. L'article de nos statuts qui abaisse de 10 à 5 francs la cotisation annuelle pour les étudiants en cours de scolarité, est resté pour ainsi dire sans application depuis la fondation de la Société, et je ne crois pas que nous ayons davantage à l'appliquer dans l'avenir. Mais c'est en quittant l'Université, pourvus de science et munis de diplômes, qu'ils devraient tous, sans exception, nous donner leur adhésion. Des démarches ont été faites récemment auprès de plusieurs étudiants en droit qui venaient de soutenir leur thèse de doctorat. Elles n'ont pas été couronnées d'un succès immédiat; elles n'ont pas été non plus suivies d'un échec définitif. Les réponses ont été dilatoires, et les exigences d'une installation coûteuse ont fourni la raison de l'ajournement. De

nouvelles tentatives seront faites, avec plus de profit, souhaitons-le.

Quoi qu'il en soit, votre Bureau a estimé qu'il convenait d'entreprendre dès maintenant une active propagande en vue de recueillir de nouvelles adhésions. Le moment lui a paru favorable, au lendemain de la campagne de conférences de l'hiver dernier. Dans ce but, il a fait imprimer un appel qui sera adressé, non seulement à toutes les personnes dont nous sommes en droit d'escompter les souscriptions, mais encore aux membres de la Société eux-mêmes, avec prière de solliciter, dans leur entourage, les concours qui nous sont si nécessaires. Nous avons obtenu, d'autre part, de M. le président de la Société Industrielle de l'Est, M. ''illain, qui fait partie de notre Comité, qu'il ferait insérer cette circulaire dans le *Bulletin* de la Société, en la recommandant aux industriels et aux commerçants.

Notre propagande se présente donc sous d'heureux auspices ; nous pouvons espérer qu'elle sera fructueuse, et que nous aurons à vous rendre compte, dans votre prochaine réunion, d'une abondante moisson (1).

III — Publication du *Diarium Universitatis Mussipontanæ*

Dans ses séances des 19 avril et 13 juin 1912, votre Comité a fixé à 40 francs le prix de vente du *Diarium Universitatis Mussipontanæ*, que la Société a fait

---

1. La moisson a été bonne, puisque nous avons recueilli 11 adhésions de membres perpétuels et 51 adhésions de membres souscripteurs, ce qui porte l'effectif total de la Société à 379 membres, déduction faite des membres décédés ou démissionnaires depuis l'établissement de la statistique qui figure au présent rapport.

imprimer à ses frais, et décidé que le service de la vente serait assuré par les soins du secrétaire général, les propositions de la Maison Berger-Levrault, qui demandait une commission de 40 %, ayant paru inacceptables.

Des avis ont été envoyés aux Bibliothèques françaises, allemandes, belges, suisses, autrichiennes, à la suite desquels 17 exemplaires ont été placés. Le ministère de l'Instruction publique ayant, d'autre part, souscrit à 10 exemplaires, 27 ont donc été vendus jusqu'à présent, produisant une somme totale nette de 896 francs.

Faut-il considérer ce résultat comme définitif et renoncer à l'écoulement des 300 exemplaires restants? Non, peut-être. Il est à remarquer, en effet, que sur les 17 exemplaires mentionnés ci-dessus, 14 nous ont été demandés par des bibliothèques allemandes, soit directement, soit par l'intermédiaire de libraires; 3 seulement ont été vendus en France : 2 à des particuliers, 1 à un libraire. Les bibliothèques ne nous ont pas fait de commande jusqu'ici. Sans doute attendent-elles les résultats de la souscription ministérielle et ne feront-elles l'acquisition que lorsqu'elles sauront ne pas pouvoir obtenir l'ouvrage à titre gratuit. Il y aura donc lieu de renouveler l'appel fait précédemment, en indiquant que le *Diarium* a été honoré d'une souscription officielle.

Dans tous les cas, nous ne devons pas compter sur un écoulement important, ou du moins sur un écoulement rapide. Au surplus la Société, en prenant à sa charge les frais de cette publication, n'a jamais entendu poursuivre un but lucratif. L'œuvre lui avait

paru intéressante au point de vue de l'histoire de la
Lorraine, et elle l'avait placée sous son patronage sans
autre pensée que celle de conserver une trace durable
de ce que fut la vieille Université lorraine. Ce but a été
atteint, grâce au dévouement de M. le professeur
Gavet, qui a dirigé les travaux de publication. La Société ne doit pas regretter les frais qui restent à sa
charge.

Lorsque, dans sa séance du 11 juillet 1908, votre
Comité résolut, à l'unanimité, de prendre au compte
de la Société les frais d'impression du *Diarium*, il fut
décidé en même temps, sur la proposition du tréso-
rier d'alors, l'honorable M. de Metz-Noblat, qu'il
serait, au besoin, fait face à la dépense par la vente de
quelques-uns des titres que possède la Société. Il
n'a pas été nécessaire de recourir à cette mesure, et le
règlement a pu être fait à l'aide des excédents de re-
cettes de nos derniers budgets. De sorte que le patri-
moine et les revenus permanents de la Société sont
restés intacts. C'est une nouvelle preuve de sa vitalité
et des excellentes conditions dans lesquelles elle fonc-
tionne.

Tels sont, Messieurs, les principaux faits qui ont
marqué l'année 1912-1913. Ils sont, encore une fois,
de nature à nous inspirer confiance et à nous rassurer
sur l'avenir de notre Société.

NANCY-PARIS, IMPRIMERIE BERGER-LEVRAULT

www.ingramcontent.com/pod-product-compliance
Lightning Source LLC
Chambersburg PA
CBHW061814040426
42447CB00011B/2652